Marta Fernández Gallardo

APULEYO EDICIONES   FOMENTO DE VALORES   CUENTOS ILUSTRADOS

Había una vez un ÁNGEL

APULEYO EDICIONES   FOMENTO DE VALORES   CUENTOS ILUSTRADOS

Había una vez un ángel que era todo corazón.

Y junto a otros ángeles tenía la tarea más importante de todas: hacer que todos los niños naciesen sanos y fuertes, y ayudar a sus papás a cuidar de ellos.

Pero ese ángel era el más guerrero de todos. Luchaba contra monstruos, ayudaba a otros ángeles y cuidaba a su familia, ¡todo al mismo tiempo!

Pero ella no tenía superpoderes... o quizás sí. Cambiaba las armas por las palabras, las personas eran su familia, ¿y los poderes? Se los daban la energía y el amor de la gente que más quería.

Porque tenía que estar preparada para la batalla final:
unos horribles bichos se apoderaban de todo lo que había
a su alrededor y ella no podía permitir eso.

Así, ella gastó su última gota de energía para destruirlos. Completando su última tarea, ella fue a descansar con sus papás, ya que ellos la echaban mucho de menos. Y los tres se sentaron en una nube en el cielo.

Pero la historia no acaba aquí. Ella mandó todo el amor y la fuerza al resto de personas que estaban debajo de ella para seguir cuidándolas desde su nube.

Ese ángel era mi ángel, tu ángel,
nuestro ángel.

Mi madre, Ángeles, se pasó toda su vida cuidando de toda su familia: su madre, con problemas de corazón; su padre, con Alzheimer durante 10 años después de la muerte de su mujer; a sus dos hijos y a todos los amigos, que para ellos eran familia.

Trabajó en obstetricia con recién nacidos gran parte de su vida.

Cuando murieron sus padres, tuvo cáncer de mama. Lo superó, pero al año le salió cáncer de hígado y de huesos.

Se fue 4 meses después, rodeada de todos sus seres queridos.

Entregó su vida al amor y así QUIERO VIVIR LA MÍA.

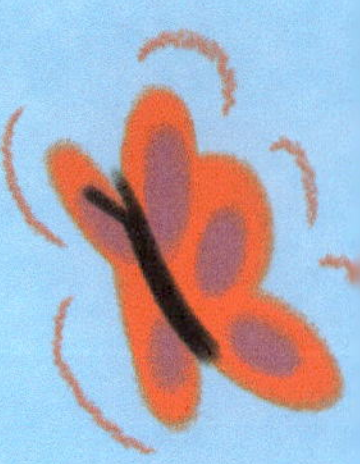

© Marta Fernández Gallardo (de la obra)
©Apuleyo Ediciones (de esta edición)
Primera edición en Apuleyo Ediciones: octubre 2024
Diseño de cubierta: Vicente Mendoza Paz
Corrección: Aitor Andreu Guerrero
Maquetación: Vicente Mendoza Paz
Ilustraciones: Ana Santiago Clemente
Coordinación editorial: Isidoro Cidre González
info@apuleyoediciones.com
www.apuleyoediciones.com
ISBN: 978-84-1060-369-1
Depósito legal: H 426-2024

Hecho e impreso en España.